Für Doris und Inge

H.-Jürgen H. Tiedemann

Unsortiertes

Gedichte

www.tredition.de

© 2014 H.-Jürgen H. Tiedemann
Umschlag, Illustration: H.-Jürgen H. Tiedemann

Verlag: tredition GmbH, Hamburg

ISBN
Paperback   978-3-8495-8858-8

Printed in Germany

Inhaltsverzeichnis

Blühender Löwenzahn

Ich habe dich gesehen,
dich und deine Geschwister,
ohne Zahl,
in einer weiten, gelben Wiese.
Einer Wiese
voller Träume und Sonne,
einem Meer von Blüten,
leuchtend,
dass meine Augen schmerzten.
Doch eure Kraft
machte meine Gedanken froh,
für einen Augenblick vergessend,
dass jeder Anfang
auch sein Ende in sich trägt,
die schönsten Farben
endlich sind

Kindheit

Nun lächele Kind –
duld' doch Wind in deinem Haar
und schenk' den Blumen deinen Blick.
Sieh', wie die Katze sich im Teiche spiegelt,
verspielt nach flinken Hummeln schnappt,
wie Blüten beugen sich der Sonne Last,
Glasmurmeln geben hellen Ton
und bunte Bälle tanzen Pirouetten.
Lächele Kind –
Erfreu' dich deiner Taschen Schätze,
auch Matsch drängt sich zu fester Form.
Lass' welke Blumen nicht in deinen Kreis,
schau nicht, was Dunkles webt am Lichterrand,
sich schleichen will in deine Mitte,
nimm nur die lichten Farben wahr
und lächele

Von der Kindheit

Kinderjahre –
Heiße Sommer, kalte Winter,
weiter Raum,
Phantasien grenzenlos,
Zuckerbrot und Muckefuck

Wir trieben auf den Fleeten
und waren dem Mississippi nah
und tobten über Prärien,
wenn's auch nur Marschenland war

Wir waren stark und mutig,
besiegten jeden Indianerstamm
und bauten Hütten und Höhlen
aus Gras und Uferschlamm

Wir weinten und wir klagten
um Käfer, Frosch und Maus,
die der Katze zum Opfer gefallen
und gruben ihr letztes Haus

Wir schworen uns Freundschaft für ewig,
wollten nie auseinander geh'n
und haben uns doch im Leben
seither niemals wieder gesehen

Vorbei sind die Kinderträume,
die Prärien, Indianer so weit,
wie spielen heute andere Spiele,
aber schön war die Kinderzeit

Frühe Hummel

Kleiner Freund –
früh bist du in diesem Jahr,
wo doch die Blüten noch schlafen,
die Sonne in einem fernen Lande weilt

Brauner, fliegender Bär –
behäbig tanzt du durch das Grün.
Mit anderen frühen Gesellen
ersehnst du den Duft der Farben

Pelziger Gesell –
mit deinem runden Leib auf kurzen Flügeln
neugierig durchstreifst du den Garten,
von dort hinüber zu den Tannen

Und dann –
von warmen Lüften getragen,
träumst du deinen Traum,
einen endlosen Sommer lang

In der Nacht erstrahlen Blumen

Ein Bett, ein Stuhl – vier stumme Wände
und an den Scheiben rinnen Tränen,
kehren durch die Decke wieder,
finden sich in einem Glas

Ein Mensch, ein Jahr – verblichene Träume
und auf den Straßen lachen Menschen,
streben eilig durch ihr Leben,
schließen hinter sich die Türen

Ein Schrei, kein Laut – ganz ohne Wirkung
und von den Häusern sprechen Leuchtreklamen,
strahlen gierig in die Nacht,
versprechen eine bessere Welt

Ein Blick, kein Licht – fernab der Sonne
und in Gedanken glimmt die Hoffnung,
fordert dennoch für sich Raum,
treibt den Puls in engen Adern

Ein Wort, nicht laut – doch voller Kraft
und in der Nacht erstrahlen Blumen,
füllen jeden Raum mit Leben,
aus der Asche steigt der Duft

Land am Meer

Der Himmel grau, schwer drückt der Sturm
hinunter auf der Marschen Land.
Von fern der Kirche schlanker Turm
grüßt über Flur und Strand

Abseits, vom Dunst verhangen,
ahnt man der Deiche schmalen Saum.
Vielmals bin ich als Kind gegangen,
durch dieser Landschaft herben Traum

Grün ist dieses Land, fruchtbar und weit,
vom Elbe- bis zum Eiderstrand,
den Dithmarschern eigen seit ewiger Zeit,
gefestigt in uraltem Bauernstand

Beständig der Nordsee unbändiges Lied,
der Menschen ewiges Ringen,
in Nächten noch raunt ihre Botschaft im Ried,
sie lässt dieses Lied niemals verklingen

Ein Socken voller Träume

Der Sommer ist gegangen,
doch meine Träume sind geblieben.
Dort – an der Wand, neben meinem Bett,
in einem alten Socken,
haben sie Quartier bezogen,
fühlen sich wohl,
in guter Gesellschaft
mit einer Handvoll Sand,
ein paar Muscheln,
einem Bündel Strandflieder.
Wenn es draußen stürmt,
der Regen an die Scheiben klopft,
lausche ich ihrem Flüstern und Kichern,
erfahre von ihren Plänen
für das nächste Jahr
und erinnere mich
an die Sonne, an das Meer,
an die Hummeln im Garten
und bin sehr froh,
diesen Socken zu besitzen

Sieh' doch

Drüben am Geestrand blüht schon der Ginster,
glitzert im Morgenlicht perlig der Tau

Drüben im Fleet dümpeln zwei Enten,
bauen ihr Nest im schützenden Ried

Drüben im Marschenland grünen die Felder,
atmen die Menschen den erdigen Duft

Drüben die Gräber in tröstender Erde,
versprechen auch dir einst Heimstatt und Ruhe

Sieh' doch ..

Der Bach

Träge murmelnd ruht der Bach,
träumend zwischen grünen Farnen,
spielt verschlafen mit den Steinen,
die ihm sanft die Richtung weisen.
Bald erwacht aus Kindheitsträumen,
springt vergnügt und hüpft und stolpert,
gurgelnd sprudelnd mit den Brüdern,
freudig stürmt dem Ziel entgegen,
will nichts mehr von Enge wissen.
Mit dem Wege wächst die Kraft,
breiter, stärker, ungestümer;
stürzt hinab in dunkle Tiefen,
drängend, schäumend ..
mag sich nur dem Meer ergeben

Der Sommer geht

Perlen tropfen von den Blüten,
flüchten sich ins stille Gras.
Kraftlos sinken Blätter nieder,
in den Zweigen raunen Mythen,
bergen doch der Dinge Maß

Was lebt, trägt es in den Adern,
spürt den Sommer fliehen.
Wehmut legt sich übers Land,
trauert um der Farben Band,
mag nicht um des Abschieds hadern,
lässt ihn seiner Wege ziehen

Der Sommer geht auch dieses Jahr,
er wechselt wieder sein Quartier
und für die Reise packt er ein,
was immer mag sein eigen sein.
Die welke Blume ziert sein Haar,
die er zum Abschied schenkt auch dir

Dies' eine Jahr nur war sein Streben,
er kehrt nie mehr hierher zurück.
Ein anderer wird die Blüten bringen
und andere Vögel werden singen.
Wenn Sonnenstrahlen Träume weben,
ein junger Sommer kehrt zurück

Meine Träume

Meine Träume sind frei,
sie tragen keine Krawatten,
speisen mit den Fingern
und manchmal,
wenn ihnen danach ist,
kauen sie an den Fingernägeln.
Sie sind frei und ungebunden,
lassen sich nicht verbiegen –
sie haben keinen Preis.
Mich wundert es nicht,
denn es sind ja meine Träume.
Sie sind hier und dort
und manchmal auch ganz woanders,
wie es ihnen halt beliebt.
Ich mag sie.
Eigentlich sind sie ganz normal –
denke ich.
Nur eines ist bemerkenswert ..
sie besitzen kein Bankkonto

Die Scholle sprach

Die Zeit, sie zwingt,
so führe ich hier Klage

Das Meer ist groß, das Meer ist weit
und fernab liegt das Land.
Das Meer ist endlos wie die Zeit
und Wellen drängen auf den Sand

Hier leben ich und auch die Meinen,
die meiste Zeit tief auf dem Grund.
Die Gegend ist, so mag es scheinen,
durchaus intakt und auch gesund

Doch trügt der Schein – ihr könnt mir glauben,
ich sehe das Elend jeden Tag
und selbst den Rest will man uns rauben,
davon ich euch hier heute klag'

Der Erde Unrat aller Sorten,
den kippt der Mensch ins Meer hinein.
Wenn sich hier weiter Gifte horten,
so wird es bald das Ende sein

Wo einst sich teilte blanke Flut,
da wabert jetzt die träge Brühe,
darüber dampft der Säure Glut,
was lohnt bald noch der Einsicht Mühe

Wenn Kiemen, Haut der Laugen Fraß,
Kloake legt sich über Grund,
zerstören blind der Schöpfung Maß,
verschließen wird der Schmerz den Mund

Dies' alles tut der Mensch uns an,
der Mensch, der Schöpfung letzter Schluss.
Als Hoffnung fragt sich nur noch wann,
sein Erdendasein enden muss

Denn durch ihn geht die Welt zugrunde,
so gilt es denn – er oder wir.
Das Zeitmaß nähert sich der Stunde,
entscheidet sich – heute und hier

Der Anfang ist das Ende

Wende dich – drehe dich,
wann immer und soviel du magst.
Halt fest den Anfang
und doch hast du das Ende.
Selbst Liebe welkt wie faules Obst
und Blätter krampfen sich im Schluss
und Träume taumeln in der Gosse,
treiben auf die Siele zu.
Bleibt dir am Ende
nur du selbst
.. und dessen bist du auch nicht sicher

Furchen

Ein Gesicht
wie die Erde –
Furchen stehen für jedes Jahr.
In den Augen Glanz,
die Welt gesehen,
das Leben gelebt .. gelitten,
durch das Leben geformt.
Dem Ende
mit spöttischem Lächeln entgegen.

Ein Gesicht, das bleibt

Mein Baum

Ein Lied
schwebt still hinab zu meinem Baum,
der Abschied nimmt
und trägt mit ihm ein Stück der Angst.
So wird er sie nicht spüren,
die Zähne, die ihn legen,
erfüllt von dieser Melodie,
die Hoffnung bringt
und mir die Trauer.
Was lebt, kehrt wieder.
Auch er hat seinen Platz –
auch dort

Piratenjahre

Als Junge lag ich gerne
am Deich,
manch frohe Stunde.
An Phantasien reich,
mit Wind und Meer im Bunde,
träumte ich dort von der Ferne

Aus Kisten und aus Brettern
erbaute ich Wulf Isebrand,
mein Schiff.
Mit kühner Hand,
um jedes Riff,
stolz trotzte ich den Wellen

Im Top die schwarze Flagge stand,
kein Sturm zu schwer
auf Fleeten und auf Teichen.
Und vor den Deichen lag das Meer,
bis Indien mochte es reichen,
umspülte dort manch fremden Strand

Manch' bunte Kuh
hofierte ich als Publikum,
auf Wiesen und auf Äckern.
Selbst Schafe, weder dumm noch stumm,
begrüßten mich mit Meckern
und schauten meinem Treiben zu

In einem Teich,
Wulf Isebrand
versank in einer Herbstesnacht.
Ein Traum mit ihm sein Ende fand,
verloren durch der Winde Macht.
Kein anderes kam ihm gleich

Es macht mein Schiff unsterblich -
sein Bild,
auf meinem Schreibtisch steht.
Auch ich war jung, auch ich war wild,
die schwarze Flagge nicht mehr weht;
im Herzen unvergesslich

Nordstrand

In stürmischer Novembernacht,
weit draußen in den Tiefen,
der Meeres Geister spielten Schach,
im Eifer des Spieles sie riefen

Nimmst du mir den Turm,
muss Rungholt fallen.
Ich mach es nieder mit Flut und Sturm,
zum Fraße für die Quallen

Wenn es mir nur den König erhält,
so nenne ich's ein Bauernopfer,
am Ende mir doch der Sieg zufällt,
magst du dich schlagen auch tapfer

Der Turm – er fiel,
die Drohung ward wahr.
Flut und Sturm sie kannten ihr Ziel,
in dieser Nacht, in jenem Jahr

So musste Rungholt in die Tiefe fahren,
in brüllender See versinken.
So geschehen vor vielen Jahren
und mit ihm was lebte ertrinken

Gestern bin ich nach Nordstrand gefahren
und blickte hinaus auf das graue Meer.
Dort draußen geschah es vor ewigen Jahren,
vergessen der Menschen verzweifelte Wehr

Horch, war da nicht wieder jener Ton,
dieses Grollen aus dunklen Tiefen,
verachtend, was lebt mit beißendem Hohn,
die Geister der Finsternis riefen

Und aus dem Dunst eine Welle schlug an,
die hob sich empor zu salziger Gischt,
griff nach mir, der über das Leben sann,
fiel schmatzend zurück im fahlen Licht

Weit draußen kreiste ein dunkler Schlund,
zog mit sich, was dem Lande entfremdet,
zog es hinunter auf tiefen Grund,
wo alles Leben verendet

Ich stand an Deck und schaute hinaus,
hinaus auf das graue Meer.
Einst reihten sich dort wohl Speicher an Haus,
der Kinder Stimmen – sie riefen nie mehr

Und doch – so erzählt man,
in hellen Nächten – im Watt vor dem Deich,
versammeln sie sich – Kind, Frau und Mann,
verlassen für Minuten ihr nasses Reich

Sie glaubten alle an den Schutz der Deiche,
bezahlten dafür schwer,
weil keine Flut der anderen gleiche,
zog sie die letzte hinaus in das Meer

Gestern bin ich nach Nordstrand gefahren
und sah hinaus auf das graue Meer.
Dort versank Rungholt vor ewigen Jahren,
vergebens der Menschen verzweifelte Wehr

Im Zug

Auf den Schienen
dem Horizont entgegen
und doch keine Nähe.
Verharrend auf dem Sitz,
in eigenen Gedanken gefangen,
den Blick aus dem Fenster.
Punkte huschen vorbei –
sie stören.
Leben –
die Zeitung berichtet,
was draußen geschieht

Steine

Ein schlichter Stein am Wegesrand,
in Formen sanfter Klarheit,
ruht in sich dort im feinen Sand,
für mich Symbol für Wahrheit

Hinauf getragen aus der Erde Tiefen,
heran gespült durch Wassers Macht,
vereint die Kräfte, die ihn riefen,
zeitlos in seiner schlichten Pracht

Der tausend Jahre schnellen Flug,
für ihn sind sie kein Maß,
der Ewigkeiten Raum – kein Trug,
um ihn vergeht das Gras

Was immer lebt, zu Staub zerfällt,
mag man auch darum weinen,
wer immer auch die Welt erhält,
was wissen wir von Steinen

Vom Fluss

Wie schnell er fließt
und Wasser strömt
und stürzend schäumt auf Stein,
unbändig sich zu Tale gießt,
dem Ziele rasch entgegen.
So endlich mag sein Weg dort enden,
in stiller, tiefer Weite,
die die erhoffte Freiheit bringt,
von der als Bach er träumte –
vergisst der Wege Traurigkeit,
die ihn so lang' begleitet

Winterreise

Wintermorgen – graues Licht ..
Raunt der Wind im starren Reet,
eisig über Felder weht,
an den Buhnen leckt die Gischt

Stillen Dunst führt Seewind her ..
Treiben Schollen auf den Prielen,
poltern fordernd an den Sielen,
drängen raus, hinaus aufs Meer

Zieht hinaus, die Kraft ins Grau ..
Schneewind mag den Weg bereiten,
kalt der Schollen Weg begleiten,
ahnen wohl das Ziel genau

Wintermorgen – graues Licht ..
Schollen treiben auf dem Meer,
Schneewind führt sie vor sich her,
an den Buhnen springt die Gischt

Die zehn Gebote

Der Herr
gab Moses seine Worte,
auf dem Sinai, an felsigem Orte,
in Stein gemeißelt, von Gewicht,
desgleichen gab es auf Erden nicht

Fortan war es der Menschheit klar,
was schlecht und gutes in ihr war.
So ist bis heute ihr Bestreben,
nach diesen Regeln auch zu leben

Es mühen sich viele – das ist wahr,
seit nunmehr gut zweitausend Jahr'.
Versuchungen wohin man schaut,
wohl dem, der auf die Worte baut

Der Rest, das ist den meisten klar,
schafft es wieder nicht in diesem Jahr.
Doch ist's der Weg nach dem wir streben,
nicht jedem ist Erfolg gegeben

Glückliche Gelbblume

In einem Spalt,
im Stein geborgen,
ein Löwenzahn begrüßt den Tag,
erfreut sich dieses Ortes,
der karg und ohne Fülle
ihm doch genügt.
Unweit von ihm
ein Blumenbeet – gehegt,
verlangt der Pflege.
Der gelben Blume ist dies fremd,
sie blüht aus eigener Kraft
und ist's zufrieden,
weist ihren Blättern
ihre Welt
und wünscht sich keinen anderen Platz

Vom Meer

Über mattgraue Flächen, von Prielen durchzogen,
läuft drohend auf die steigende Flut.
Wo hell noch der Sand, wiegen bald sich die Wogen,
die draußen auf See viele Stunden geruht.
Im Vorland füllen sich Gräben und Rinnen,
Grasnelken beugen tief sich im Wind,
den Zufluss verwehren Schleusen nach drinnen ..
in die Fleete, die Adern der Marschen sind

Das Wasser steigt, es brechen die Wogen,
aufkommender Sturm zerreißt die See –
bis weit in das Land vernimmt man das Toben,
der Blanke Hans bringt Not und Weh.
Gehetzt jetzt die Wellen, von Blitzen geblendet,
zeigt das Meer sein zweites Gesicht –
peitschende Gischt als Vorhut gesendet,
salzige Schleier im fahlen Licht

Das Meer ist ewig, birgt in sich das Leben,
für vieles Heimat, für andere Brot ..
duldsam oft, bereit zum Geben,
doch wer es missbraucht, dem bringt es den Tod.
Und es kommt eine Flut, die spült alles hinfort,
was Menschen für Menschen geschaffen
und nirgends wird sein ein sicherer Ort –
das Meer wird alles hinraffen

Und wir?

Jobs, Karrieren – dickes Money,
über allem Strahlemann ..
Sweetheart, love me, alles Honey,
Zinsen, Aktien – Superrun.
Heile Welt und grelle Feten,
dickes Auto, Cola satt,
höher, weiter, andere treten,
schließlich gilt nur der, der hat.
After shave und Creme blank,
Ringe, Ketten, Gold im Zahn,
dick ist out – wer in, ist schlank,
gut durchstylt, denn Hahn ist Hahn.
Kirche out, Disco in,
Glauben tot – was zählt, ist greifbar,
Apfelstrudel, Tonic – Gin,
ewig jung, ganz unbestreitbar.
Punkt – Schnitt, auch Kopf denkt mit.
Sind doch alles müde Sprüche,
Plunder, Tinnef, morscher Kitt,
Pseudoglück aus kalter Küche.
Spiegel, Kamm und Scherenschnitt,
wer mag, soll um die Kälber tanzen.
Sage nein – ich nicht mehr mit,
in Formen mag man andere stanzen.
Werte – tief, nie abgenutzt,
niemals nur gebrauchte Muster;

einfach, klar – ganz ohne Schmutz,
edle Leisten wahrer Schuster.
Nichts ist tot und wenig glänzt,
Wert kommt nur von innen.
Nutzlos, wer sich selber kränzt,
Flitter wird zerrinnen.

Zu spät

Ich träumte von einem Löwenzahn am Wegesrand,
einst pausbäckig gelb –
verbrannt die Blätter

Ich träumte von einem Bach im Wiesengrund,
einst klar wie Kristall –
vergiftet sein Wasser

Ich träumte von Bäumen in Wäldern,
einst strotzend im Grün –
verkohlt die Stämme

Ich träumte von einem Haus am Rande der Stadt,
einst schützendes Dach –
geborsten die Mauern

Ich träumte von Frau und Kind,
einst alles Glück –
in Krämpfen erstarrt

Ich träumte von Gott,
einst stolz auf seine Schöpfung –
in Tränen erblindet

Ich sah mich selber,
meinen Schatten in Stein gebrannt –
zu spät

Die Zahlen ohne Kanten

Wohl wahr ..
es sind die runden Zahlen,
die uns so recht gefallen,
die Zahlen ohne Kanten.
Denn ihre Sache ist das Schmeicheln,
versprechen Großmut
und stehen für das Ganze.
Doch folgen ihnen auch die anderen,
im Dezimalen oft zu Hause,
die Zahlen mit den Kanten
und im Gefolge viel Kleinklein,
die eng und miesepetrig tun
doch immerzu den Blick nach oben richten,
vernarrt in ihrem Wunsch,
dereinst das Kleine los zu werden,
die Kanten und die Ecken

Schalom

Ist ein Ort – nicht weit von hier,
bin einst dort gewesen.
Weht ein Wind in Bergen-Belsen,
streicht dort übers Land

Ungezählte diese Straße gingen,
hab' sie nie gesehen.
Blüht ein zarter Löwenzahn
zwischen Mauerspalten

Träumten viele einen Traum,
hab' sie nicht vergessen.
Ruhen jetzt im Heidesand,
haben keine Träume

Sehnten sich nach fernem Land,
kann sie nicht erwecken.
Erde deckt die Gräber,
haben dennoch Stimmen

Liegen unter Steinen – Sand,
es war auch ihre Erde.
Diese Mutter wollt sie nicht,
hatten keine Heimat

Im September

Auf einer Bank,
mag sein, in einem Park,
sitzt er
und zieht den Vögeln nach.
Um ihn herum geschart,
des Lebens Wichtigkeiten,
Hasten – Lärmen –Geld.
Was kümmert es ihn?
Er zählt des Teiches Ringe,
auf dieser Insel im September
und zieht den Vögeln nach

Abstand

Da sitzen wir
und glotzen in den Kasten,
zerreden uns das Maul
um den,
dess' Elend durch die Röhre flimmert.
Was kümmert uns
die Not der vielen,
die durch das Netz gefallen,
ihr täglich' Brot,
wenn es denn täglich ist,
im Abfall suchen
und ihren Durst aus Pfützen stillen,
dem Suff ergeben,
die eig'ne Haut zu Markte tragen
und jeden Spiegel hassen?
Was kümmert es uns,
wenn nur der Abstand bleibt!

Grimberg

Unten im Tal
zieht behäbig die Agger.
Sonne im Wasser,
Hügel und Wälder.
Kirchengeläut' ..
Ein Wallnussbaum,
Steine, Wiesen, Felder,
erdige Düfte.
Eine Ziege, selten wohl gestimmt.
Geduldige Ochsen vor Karren.
Zwei Hunde – unvergessen;
der eine dem Onkel,
der andere der Tante zugetan.
Ferien im Bergischen Land –
Erinnerungen

Taxifahrer

Die Stadt erwacht,
sie kriecht aus ihren Löchern.

Ich wollte vieles werden –
eines gewiss nicht ..
Taxifahrer.
Jetzt sitze ich auf meinem Bock,
fahre durch genervte Straßen,
jede Nacht – Monat für Monat
und arbeite mein Leben ab.
Wollte 'was Richtiges werden;
einer, den man beachtet,
der 'was ist,
der kein Trinkgeld bekommt.
Habe fest daran geglaubt,
viele Jahre lang.
Ist nichts draus geworden.
Das Leben hatte andere Pläne;
vielleicht noch nicht einmal die,
fand kein Interesse an mir.
Es gab bessere.
Es gibt immer bessere,
bei denen es sich lohnt.
Ich gehöre nicht dazu.
Es ist nun 'mal so.
Da hilft kein Jammern.

Also fahre ich Taxi.

Immerhin lebe ich davon,
verdiene meine Knete ehrlich,
brauche nicht um Stütze betteln,
niemanden in den Arsch zu kriechen,
nicht zu schleimen.
Kann in jeden Spiegel blicken –
obwohl mein Spiegelbild
mir nicht gefällt

Noch eine Stunde,
dann ist Schicht.
Die letzte Fahrt zum Ebertplatz.
Ist nur ein paar Blöcke weiter,
lohnt sich kaum.
Der Mensch hinter mir
spricht kein Wort,
kaut Fingernägel.
Vielleicht auch einer von denen,
die das Leben ausgekotzt hat.
Einer, der geträumt
und im Abseits gelandet ist.
Gibt nicht wenige davon.
Ich hab' ihn im Spiegel –
nur so.
Ist 'ne Angewohnheit von mir

Der Stumme ist raus;
eine Mark Trinkgeld – ist OK.
Ich fühl mich beschissen.
In den Knochen Blei,
in den Augen Rauch.

Die Ampel ist rot,
rot wie im richtigen Leben.
Grün gibt's nur für wenige.
Bremsen – Kuppeln – Gasgeben
Der Kasten schüttelt sich wie im Fieber,
kommt auch in die Jahre.
Zweihundertfünfzig Mark
für zehn Stunden Plackerei –
fünfundachtzig für mich,
ein paar Mark Trinkgeld.
Es gab schon magere Nächte.
Sechs richtige wären mir lieber.
Wem nicht?
Sechs richtige und das Thema wäre durch –
für immer.
Zu viele Zigaretten gequalmt;
drei sind noch in der Schachtel.
Zwei Zeitungen zerlesen,
Annoncen verschlungen.
Kinderbetten
werden angeboten wie Sauerbier.
Geht eben alles vorbei.

Zwei Thermosflaschen Kaffee,
ein paar Stullen;
Salami hängt mir auch schon zum Halse 'raus.

Schon wieder eine Umleitung.
Die Stadt ist eine einzige Baustelle.
Wahnsinn!
Und dann die Fahrgäste,
arrogant – besoffen – stumm.
Gibt auch andere,
handverlesen;
wenige, die es geschafft haben.

Noch ein paar Jahre
und ich schmeiß' den Kram hin,
geh' in Rente,
wenn's die dann noch gibt.
Vierzig Jahre Maloche,
mir langt es.
Hab' die Schnauze voll – wirklich!

Verdammt – was soll das?
Der Typ vor mir schleicht wie 'ne Schnecke.
Wieso bremst der jetzt auch noch?
Vorbei – hinter mir.
Gleich ist Schluss –
dann hat Herrmann die Torte im Gesicht.
Glückwunsch!

Ich hau' mich in die Falle –
ein paar Stunden.
Heute Abend wieder auf die Piste –
Scheißjob!

Wer wird da sein?

Wenn die Farben blasser werden,
das Licht schwächer,
deine Kraft dich verlässt –
wer .. denkst du,
wird da sein,
wenn du fällst?

Der Tellerrand

Ich habe mich eingerichtet,
in meinem Topf,
den Deckel draufgelegt
und koche meine eigene Suppe,
verlange nicht nach fremder Würze
und denke,
so lässt's sich leben

Der Schein zählt

Ich weiß –
will sagen, dass ich gar nichts weiß
und dieses ziemlich gründlich.
Ein wenig hiervon,
ein wenig davon,
ein paar gefällige Plattitüden,
hier und dort ein verständiges Nicken.
Das ist alles.
Für sie bin ich ein Denker,
einer, der sich Gedanken macht
und das ist viel,
es hebt sich ab

Draußen

Vergessen,
die Füße im Regen,
im Herzen Kälte.
Draußen ..
an diesem Ort, an jenem Ort
und morgen irgendwo.
Lichter, durch Mauern getrennt,
Fenster, viele Fenster,
nicht eine Tür.
Schritt für Schritt
auf schweigenden Straßen
und in den Adern pulst das Blut

Herbst

Blasser Himmel über weitem Land,
Krähen klagen auf den Masten;
durch die Straßen Menschen hasten,
in der Stadt mir unbekannt

Dunkel fließt der Fluss und breit,
Blätter treiben fort wie Träume,
Tränen tropfen von den Bäumen,
trauern um ihr grünes Kleid

Auch ich treibe durch die Straßen,
denk' mit Wehmut an die Zeit,
an den Sommer, der so weit,
gehe unter in den Massen

Von dir

So grün sind alle Wiesen.
Es reift das Korn
und über allem schwebt ein Lied,
ein Lied, das mir von dir erzählt,
sanft über Land und Wasser streicht,
den Blumen Stimmen gibt,
damit auch sie von dir erzählen.
Die Erinnerung lebt,
denn einsam möchte auch ich nicht sein

Sturmflut

Klagende Geister streifen am Strand,
suchen die Spuren der Ihren im Sand,
schweben ein Stück weit hinaus auf das Meer,
fahlgelber Seewind treibt sie wieder her.
Grünsalzige Nebel geheimnisvoll schimmern –
am nächtlichen Strande die Geister wimmern

Tief unten im Meere die Türen schlagen,
allgegenwärtig das Jammern und Klagen,
haben das Band zum Leben verloren
und sich die dunklen Tiefen erkoren,
beginnen am Grund neue Särge zu zimmern –
im tobenden Meer die Geister wimmern

Wild dröhnen die Glocken im Sturmgebraus,
der Blanke Hans bricht Turm und Haus.
Die Fluten schlagen über das Land
und hobeln es nieder bis auf den Sand.
In brüllender See die Elmsfeuer flimmern -
bei ihrem Geschäfte die Geister wimmern

Es ist vollbracht – nichts hat Bestand,
was übrig bleibt, ist totes Land.
Nicht Mensch, noch Tier haben überlebt diese Nacht,
die über die Küsten das Grauen gebracht.
In Höhen und Tiefen kein Hoffnungsschimmer –
am Morgen danach die Geister wimmern

Letzter Sommer

Hummelflug im Sonnenkranz,
nimmermüde bunte Falter,
Blumenpracht im Farbentanz,
Menschen fühlen Sein und Alter.
Sperling hockt am Tannenrand,
atmet schwer den Duft der Erde,
Augen stumpf, geneigt zum Sand,
nimmt es, was auch kommen werde.
Träumt von weiten, lauen Lüften,
von Gefährten seiner Zeit,
trinkt sie tief, der Blumen Düfte,
denkt an Jugend, die so weit.
Sinkt dahin, gibt sich verloren,
Blätter federn seinen Sturz,
hat sich diesen Tag erkoren,
löscht das Leben, das so kurz.
Still verkrampft, dem Leben fern,
Sonne trägt ihn von hier fort,
letzter Sommer – ach, so gern
blieb er doch an diesem Ort.
Wind weht leise,
Orgelton in Sommerluft,
Sperling geht auf seine Reise,
begleitet von der Blumen Duft

Tauwetter

Ein dunkles Band,
die Summe vieler Spuren,
zieht durch den Schnee,
verbindet dessen Ziele.
Und von den Büschen
tropft Vergänglichkeit,
die sich der weißen Pracht
nur schwer erinnert

Gezeiten

Da ist ein Mann,
der liebt das Meer
und auch der Wind ist ihm vertraut.
Wann immer auch die Zeiten steh'n,
sucht er das Meer,
den Wind, die Wellen –
träumt.
Er ist nicht mehr der jüngste,
weiß selten, was er will.
Das Meer liebt ihn nicht.
Das Meer liebt nur den Starken.
Aber der Wind mag ihn,
er ist ihm ähnlich,
ist hier und dort
und kann sich gleichfalls nicht entscheiden.
Der Wind ist ihm ähnlich,
aber er, er liebt das Meer

Einsam

Graue Städte, drückend schwer,
Mauern ohne Mitgefühl,
Kinderaugen – groß und leer,
Menschen hasten durchs Gewühl

Drohend schimmert der Asphalt,
eine Katze streicht vorbei,
durch die Straßen weht es kalt,
nur ein Stein ist wirklich frei

Scheue Blicke hinter Scheiben,
Briefe, die doch niemand liest,
Blüten, die im Unrat treiben,
Gräber, die man heimlich gießt

Gartenzäune, schief getreten,
Farbe, längst vergangener Zeit,
Hände, die zum Abschied beten,
mancher Weg ist trostlos weit

Kleiner Löwenzahn

Sicher, kleine Blume,
du hast es karg angetroffen,
in diesem Spalt,
in Stein verwurzelt.
Vor dir die Rosen,
den Blumen,
zu denen du niemals gehören wirst.
Ich sage dir was ..
Das Leben hat so viele Farben.
Dein Gelb aber überstrahlt sie alle,
ist schön – so schön.
Glaube mir

Zurückgeblieben

Der Wind
streicht über karges Land,
vermisst der Felder Früchte,
Spielgefährten.
Auch Blätter
trägt kein Strauch jetzt mehr.
Und auch das Gras,
mit dem er sich so gern verband,
liegt stumm am Boden nieder.
So Schilf und Rohr,
dort in den Fleeten,
erinnern sich nicht mehr an ihn.
Nur er, der Wind
streicht über karges Land
und hört dort nur
sein eigen Lied

Ein Sommertag

Jasmin auf grünem Grund,
in den Zweigen tanzen Meisen,
flattern ihren bunten Reigen,
süßer Duft liegt in der Luft

Lichterspiele stiller Wasser,
gleiten hin zum Ufergrund,
reifen dort zu manchen Träumen,
die der Sommerwind trägt fort

Blumenglück im Ton der Farben,
allumfassend – allerorts,
schwebt ein Lied in allen Dingen,
trägt dich von hier fort

Tristesse

Der feine Regen nässt den Morgen,
der müde, grau und trist
sich ungern an den Tag gewöhnt,
der frühen Leute überdrüssig,
die immerdar,
so denn auch heute,
mit freudlos, dumpfem Blick
der großen Tür zustreben,
die alles schluckt,
was immer sich ihr bietet.
Dahinter sich die Gleise spreizen,
von hier nach dort,
von dort nach hier.
Und Züge fahren ohne Unterlass,
von hier in einen anderen Regen.
Derweil die Leute Abstand wahren,
sich hinter Zeitungen verbergen
und denken,
vielleicht sei heute doch nicht Montag

Gitarrenklänge

Zärtlich schmeichelnd,
freudejauchzend,
stürzen ab in tiefe Trauer,
heben sich im Glücksgefühl,
geben Lust in höchsten Tönen,
treiben Blut in blasse Adern –
fordern Leben,
Stück für Stück.
Heben dich ganz hoch empor,
lassen fallen –
tiefer noch,
lassen Saiten klingen

Der Ring

Tief fuhr der Spaten in schweren Boden,
kehrte das untere nach oben,
brachte zu Tage ein metallern Ding,
beim näheren Hinschauen, einen goldenen Ring

Ich putzte ihn und rieb ihn blank,
verwahrte ihn in meinem Schrank.
Doch in der Nacht die Bilder kamen,
die drängend mir den Schlaf dann nahmen

Ein Morden und Stechen,
ein Hauen und Brechen,
verzweifelt der Bauern tapfere Wehr,
gegen das große, mächtige Heer

Und in der Mitte der hitzigen Ringer,
ein Bauer zog seinen Ring vom Finger,
verscharrte ihn in seine Erde,
damit er von keinem gefunden werde

Zurückzuholen an jenem Tag,
da der starke Feind geschlagen lag.
Diesem Ziel wollt er seine Kräfte schenken
und nicht an sein Weib zu Hause denken

Er schlug sich mutig – bot seine Stirn',
bis tödlich traf ihn die Lanze ins Hirn;
fiel nieder, sein Blut färbte die Erde,
den Ring er nun niemals suchen werde

Die Dithmarscher, wohl unter Wulf Isebrandt,
vertrieben das Heer aus ihrem Land

Der Ring lag vergessen im Marschenland,
bis zu der Stunde, da ich ihn fand.
Ich hielt ihn – verspürte ein Brennen,
als schien er den rechten Besitzer zu kennen

Am nächsten Tag trug ich ihn zurück,
ich wusste genau, er brächt mir kein Glück;
legte zurück ihn in die Erde,
auf das er von keinem gefunden werde

Winterreise

Wintermorgen – graues Licht -
Raunt der Wind im starren Reet,
eisig über Flächen weht,
an den Buhnen leckt die Gischt
Stillen Dunst führt Seewind her –
Treiben Schollen auf den Prielen,
poltern fordernd an den Sielen,
drängen raus, hinaus aufs Meer
Zieht hinaus die Kraft ins Grau –
Schneewind mag den Weg bereiten,
kalt der Schollen Weg begleiten,
ahnen wohl das Ziel genau
Wintermorgen – graues Licht –
Schollen treiben auf dem Meer,
Schneewind führt sie vor sich her,
an den Buhnen springt die Gischt

Der Rest

Auch stelle ich mir die Frage,
wenn auch nicht immer,
aber doch:
Wohin wird diese Reise gehen
und wie viel Tränen hat die Erde?
Mag sein, dass sie mehr Träume hat
und ich,
was ist mit mir?
Heute ist der zweite Tag vom Rest,
das andere ist verbraucht;
darf ich ihn nutzen?

Dezember

Nach einer langen Nacht –
Krähen hocken in den Bäumen,
warten auf den Tag.
Dünnes Eis liegt auf den Fleeten,
spiegelt sich im frühen Licht.
Über Nacht ist es gewachsen,
leise .. unbemerkt;
an den Rändern weißer Puder,
sammelt sich im Schilf,
tanzt dort vor dem Wind,
spielend zu den Deichen hin.
Strahlend kalter Morgenhimmel,
tiefer Blick hinaus aufs Meer.
Winter ist's im Marschenland

Nichts geht verloren

Glaube nicht,
der Ort sei ohne Leben.
Wenn auch die Kreuze
um dich schweigen,
der Himmel tief.
Es ist die Erde,
auf der du stehst.
Du kannst sie spüren,
die Kraft,
die aus ihr strömt,
im Zyklus stets gespeist –
auch dir verspricht
einst Haus zu sein.
Dessen sei gewiss

Friedrich

Den Schuhmacher zähle ich zum Philosophenstand,
sein Tagwerk schmeichelt dem Denken,
dabei die Gedanken zu lenken,
bei allem beschäftigt die Hand

Mit Recht ist er den Philosophen gleich,
er denkt zwischen Pech und Leisten,
manch Phantasien umkreisen
dabei sein verzaubertes Reich

Mein Großvater war diesem Stande verbunden,
verwurzelt im stillen Geist,
die Straßen der Träume bereist,
als Schuhmacher gedankenumwunden

Alleine

Es ist still bei uns geworden,
in den Zimmern schweigt das Licht.
Fort ist sie seit Tagen,
liegt in einem großen Haus ..
viele Betten.
Geht dort einen schweren Gang,
denkt an uns – an sich,
trägt an harter Wahrheit.
Es ist still bei uns geworden –
morgen werde ich sie sehen

Vom Alter

Ein alter Schuh,
an dem die Jahre haften,
steht in der Pfütze
und hofft auf eine Zukunft.
Vergebens –
es will ihn keiner,
sein Knarren schreckt die Leute

Paul

Eigensinn, den Schalk im Nacken
kommt daher auf leisen Patten,
Paul, der von Geburt ein Kater ist

Blinzelt hier und schnüffelt dort,
bleibt nicht lang am selben Ort,
ist stets auf der Suche

Horch – was raschelt in der Hecke,
schnell ein Blick um Hauses Ecke,
ein .. zwei Sprünge, ist schon dort

Diesmal war die Maus wohl schneller,
könnt auch sein, ein wenig heller,
Paules Laune trübt das nicht

Mäuse gibt es überall,
auf der Wiese, auch im Stall,
muss er sich da grämen?

Schau – dort drüben eine Spinne.
Interessiert hält Paule inne,
ob sie mit ihm spielen möchte?

Doch davon macht sich das Tier,
schnelle Beine – mehr als vier,
flüchten sich aus gutem Grunde

Eine Hummel mit Gebrumm,
doch ansonsten ziemlich stumm,
zeigt sich auch nicht interessiert

Selbst ein Frosch sucht rasch die Weite,
zeigt ihm seine hintere Seite,
hat mit Katzen nichts im Sinn

Paule ist nun doch verdrossen,
keiner dieser Tiergenossen,
trägt zu seiner Stimmung bei

Auch gut – legt er halt sich in die Sonne,
räkelt sich dort voller Wonne,
gibt sich seinen Träumen hin

Immer ein Kind

Ich spiele die Spiele,
die der Tag mir auferlegt,
bekenne mich zu dem und dort
und trage nach außen
die gewünschte Maske.
Doch tief im Süden
bin ich ein Kind geblieben
und glaube an die Werte,
die meine Taten leugnen
und deren Not
mich traurig stimmt

Widerstand

Ein Vogel droht der Welt,
nicht mehr zu singen.
Ein Schiff erklärt,
nicht mehr zu schwimmen
und legt sich störrisch auf den Strand.
Ein Pferd
verweigert seine Stärke
und lässt die Lasten liegen.
Ein Huhn
beschließt, kein Ei zu legen
und scharrt fortan nur noch im Sand.
Ein Mensch
bestimmt, nicht mehr zu denken
und fordert damit zum Protest

Selber Tara

Wenn Dummheit
vor die Sonne zieht,
beginnen sie zu strahlen
und zeigen stolz
auf ihre bunten Kleider.
Ich kenne das –
bin selbst nicht besser

Ein Grab in Dithmarschen

Vielfarbig blühen Blumen,
zu schmücken,
was so schlicht gelebt.
Ich kannte sie,
die jetzt in dieser Erde ruhen,
ich kannte sie
und bin von ihrem Blut,
das manches in mir birgt,
was ihrem Naturell entsprach,
geprägt von eigener Art,
nicht jedes Menschen Freund sein kann
und dennoch
eigenen Wert besitzt.
Hier liegt von ihnen,
was vergänglich –
von uns
in unserer Zeit begleitet,
des eigenen Schicksals
wohl stets gewahr ..
und hoffentlich in Demut

Schlafe

Es ist Zeit –
Baum, leg deine müden Blätter ab,
vertraue auf ihre Wiederkehr,
gräme dich nicht.
So ist der Lauf der Welt,
Gehen und Kommen.
Und dann – der Tag wird kommen,
erwache, entfalte deine Kräfte neu
und schenke der Welt, was du zu geben hast

Schein und Sein

Wo die Welt sich neigt,
dem Himmel ihre Grenzen zeigt,
mag es durchaus erscheinen,
als würden beide sich vereinen

Doch trügerisch ist manche Sicht,
die vieles dir verspricht;
den strahlend hellen Schein,
der doch am Ende dich lässt allein

Bedenke, was du geglaubt zu sehen.
Wenn Dunst und Nebel sich verwehen,
bleibt oft ein anderes Bild zurück,
der Wirklichkeit sehr weit entrückt

Sommer und Herbst

Ich liebe den Sommer
ob seines fröhlichen Lachens,
seiner Sonne, seiner Blumen, seiner Vögel.
Doch näher ist mir der Herbst.
Ja, der Herbst steht mir sehr nahe –
mit seiner Traurigkeit,
seinem blassen Himmel, seiner Farben, seiner Tiefe.
Er erinnert mich ..

Jenseits aller Grenzen

Gedanken durchstreifen deinen Kopf,
von Norden nach Süden,
an anderen Achsen orientiert,
vom Standpunkt bis zum Horizont
und manches Mal darüber hinaus.
Verworfen .. für gut befunden,
setzen sie sich fest
und verlassen dich nie mehr.
Wohin du auch gehen magst,
wie alt du auch werden wirst,
stets bleiben sie ein Abenteuer

Auf der sicheren Seite

Ein Fenster
zwischen mir und draußen.
Regen, Blättertreiben ..
in meinem Bett ist es warm.
Ich horche – denke,
wie ist das Leben?
Welches meine ich?
Das warme, behagliche
oder das regennasse?
Ich habe die Wahl.

Ich stehe auf
und trinke meinen heißen Tee.
Was kümmert mich das Draußen!
Oder?

Rückblick

Freund, sag,
warum bist du so still?
Erdrückt dich die Erinnerung,
so werfe sie ihnen vor die Füße
und pack die Rücksicht gleich dazu.
Entzieh' dich denen,
die nur im Keller lachen
und lächele,
denn dieser Tag hat eine Stunde mehr,
die niemals dir wird aufgerechnet
und dir verspricht, zurück zu geben,
was ihre Brüder dir geraubt.
Nicht alles – sicher.
Doch das, was Wärme in sich trägt,
wird teilen deiner Träume Seele,
damit sie lebt
und Heimat gibt,
in Ruhe mag die Wunden heilen,
um endlich in dir aufzugehen

Und nichts gelernt

Mit Wut im Bauch,
die Tagesschau ertragen.
Allabendlich
derselbe Wahnsinn.
Und selbst mein Bier schmeckt schal,
verträgt wie ich
die Worte nicht,
die temperiert Entfernung schaffen
und nur das kleine Elend
durch die Röhre lassen –
damit der Puls
nicht Adern sprengt,
die Augen schärft,
uns so zu sehen
wie wir wirklich sind

Kommt die Welt zu dir

Er sah aus wie viele,
wie du, wie ich,
vielleicht ein wenig ernster,
eine Spur von Ironie ..
und doch war er anders.
Einer, der den Grund verloren,
dem die Straße Heimat war,
den das Leben vergessen,
auf die Straße gespuckt hatte.
Nichts besonderes ..
es gibt viele von ihnen

Die Menschen fließen vorbei,
gleichgültig;
ein jeder von ihnen hat die Welt zu retten

Ein Kind – von den Eltern geschickt,
wirft eine Münze in den Hut;
lächelt .. ein Spiel.
Der Mann dankt,
nicht alles hat er vergessen,
zeigt auf einen Pappstreifen,
der an den Hut gelehnt.
Das Kind läuft zurück,
wendet sich mit den Eltern ab.
Etwas irritiert!

Nicht der Mensch,
aber das kleine Schild im Staub,
dicht an den Hut gelehnt.
„ Philosoph auf Reisen"

Ein paar gefaltete Blätter daneben.
Er verschenkt sie.
Nur wenige lassen sich herab.
Gedichte – Gedanken
Eines gefällt mir besonders.

„Die Harmonie der Welt " *

Ist jeder Halt zerbrochen,
fällst du nicht um.
Ist jedes Haus zerstört,
fällt dich nichts an.
Ist jeder Wunsch vergiftet,
reißt dich nichts fort.
Ist alles verloren,
kommt die Welt zu dir

Wie gesagt,
er war nichts besonderes ..
oder irre ich mich?

* Von einem Unbekannten, der auf der Straße lebte

Glaube

Schweißnasse Stirn,
vom Fieber umkränzt.
Mit den Augen fühlen,
mit den Händen sehen.
Hinüber gleiten –
ohne Last,
sich fallen lassen
und auf das Netz hoffen

Heimat

Fußäste greifen in den Sand,
stemmen sich der Flut entgegen,
weichen nicht dem Sog.
Spreizen sich in tausend Körnern,
halten fest,
geben nichts Erreichtes preis,
bieten ihre Stirn.
Nennen diesen Flecken ..
Heimat

Irritiert

Wenn immer denn
das Inventar zusammen rückt,
arg irritiert, murrt über vieles,
erfährt es Häme
und überdies ..
als Zahl hofiert,
als Meinung lästig –
gedacht – niemals erklärt.
Wer's nicht erkennt,
ist rasch versöhnt
und zeigt noch auf polierte Bretter,
wenngleich dort schon der Holzwurm nagt

Ein Träumer

Ich bin ein Träumer,
schlafwandle durch die Zeit.
Obwohl ..
die großen Träume gingen mir verloren,
nicht einfach so von heut' auf morgen.
Nein – gründlicher
Stück für Stück – hab's kaum bemerkt.
Und dann der letzte Krumen.
Was bleibt
sind nur die kleinen,
der Rest,
den keiner will.
Und doch .. wer weiß,
vielleicht sind sie es,
die die wirklich großen sind.
Wer weiß das schon?

Meine Haut

Ein anderer Tag,
noch nicht einmal eine andere Stadt.
Was soll's,
es ist kein anderes Leben.
Den Morgen, den ich kannte,
verlor ich an die Nacht –
der nächste wird gleichwohl entfliehen.
Nur ich kann nicht aus meiner Haut

Süderbrarup

Und für den Leib ist auch gesorgt –
Kaffee, heiß .. im Becher

Süderbrarup
Ein paar Gleise,
zwei von Bedeutung.
Das eine kommt, das andere geht.
Dahinter .. vereint zu einem Ganzen,
lässt warten, was sich niemals treffen darf

Der Zug hält.
Zeit zum Dösen,
Befindlichkeiten früher Stunde.
Diskretion im Zugabteil –
niemand schaut, alle wissen,
alle sehen alles

Ich blicke aus dem Fenster.
Menschen steigen zu – wenige aus.
Grauer Schotter im Nebengleis,
speckige Steine.
Die Türen schließen automatisch.
Der Zug fährt

Adieu

Bitte –
nur auf ein Wort,
leg' nicht auf.
Ich will nicht lange stören.
Lange ist es her,
dass wir voneinander hörten.
Erinnerst du dich?
Es war eine schöne Zeit –
trotz allem.
Wir hatten Spaß,
haben gelacht, gesprochen,
manch Wort auch hinterdacht,
selten, sehr selten geweint.
Wo nur blieb die Zeit?
Und jetzt ist es soweit,
ich möchte mich verabschieden –
von dir,
für immer.
Meine Uhr ist abgelaufen.
Adieu

Opportun

Sie fragen mich
nach meiner Meinung.
Ich denke nach,
sondier' den Umstand
und frage mich alsdann,
was sie wohl selber denken mögen
und schließ' mich dann
der Mehrheit an.
Sie halten dies' für Umsicht

Einsicht

Alt bin ich geworden,
grau und faltig.
Mein Blut ist dick und mutlos,
meine Hände kalt.
Nur meine Träume,
wer hätte das gedacht,
sind jung geblieben,
jung und voller Leben.
Sie werden mich wärmen,
wenn es dunkel wird

An den Bruchteichen

Über stillem Wasser hier,
zirpt gar allerlei Getier.
Libellen schwirren ihre Kreise,
Fliegen tun's auf andere Weise.
Bienen suchen süße Gaben,
in der Blumen bunte Farben.
Käfer, viele am Ufersaum,
der Mücken Schweben hört man kaum.
Vogelstimmen, Gräser, Pflanzen
runden dieses Bild zum Ganzen.
Beschaulichkeit an jedem Teich,
stimmungsvolles, kleines Reich

Tränen sind nicht genug

Manche Blume zertreten,
den Strauch gebrochen,
die Erde mit Gift geschwängert

In den Gossen das Brot,
den Nächsten verachtet,
die Gier zum Gott erhoben

Den Bruder getötet,
die Luft, den Boden,
dabei den Glauben verloren

Den Stachel im Fleisch,
Blick ohne Glanz,
sich selber der ärgste Feind

Ein Traum?
Der Mensch in seinem Leben
an allem Übel selbst beteiligt

Beim Hahnenschrei

Von Westen –
aus dieser Richtung steht der Wind
fast immer, wenn er weht,
von dort, wo die Wolken sind,
das Blau im Grau zergeht

An diesem Morgen
hat er's nicht eilig,
es gab so viele schon vorher,
sie alle blieben nur zeitweilig,
er trieb sie selber vor sich her

Er schaut sich um
in jedem Land,
vergisst dort keinen Baum;
in ihnen treue Freunde fand,
ein jeder träumte seinen Traum

Und mit dem Herbst,
die Blätter sterben,
nur ihre Träume leben fort;
die jungen Triebe sind die Erben,
hier .. an jedem anderen Ort

Ein neuer Morgen,
Sturm zieht übers Land,
achtet weder Baum noch Strauch,
knechtet sie mit grober Hand,
und ihre Blätter leiden auch

Sie fallen vor der Zeit,
der Sturm nimmt es nicht wahr.
Was kümmert ihn der Augenblick,
plant er doch für das ganze Jahr,
verweigert jeden Rückblick

Beim nächsten frühen Hahnenschrei
gewinnt das Blau,
die Wolken sind dahin.
Der Wind weht lau,
der Wechsel macht den Sinn

Großstadt

Wo auch immer,
macht nur geringen Unterschied,
sind doch die Schluchten überall,
von stummem Grau und falscher Farbe,
garniert mit welkem Grün.
Und auf Balkonen dämmern Blumen,
die wohl dem Himmel näher,
doch der Tristesse nicht entflohen,
hinunter schauen auf die Walze,
die zeitlos brandet Tag und Nacht
und sich und niemand Ruhe gönnt.
So frage ich trotz allem ..
Was willst du,
genügt dir nicht das Dach,
das dich vor Regen schützt?

Hoffnung

Wieder einmal schlecht geschlafen,
wieder eine schlechte Nacht.
Habe lange wach gelegen,
hab' an dich gedacht,
sah sie vor mir,
deine Augen ..
traurig, voller Not.
Sah auch mich –
hilflos,
wusste keine Antwort.

Und heute ist ein neuer Tag,
ein Tag mit Licht und Wärme,
vielleicht auch neuer Hoffnung

Wiederkehr

Wenn der Morgen noch schweigend
dem Regen an den Scheiben lauscht,
der Keller Träume
die Flure erreichen,
eilt der Gedanke dem Tag voraus
und hofft auf dessen Wiederkehr

Die Zeit

Geburtstage,
ich mag sie nicht.
Sie drücken mein Gemüt,
sind Büttel
eines strengen Herrn,
dess Namen Zeit,
gefällig eingepackt in Illusionen,
aus denen du erwachst,
sobald die Strecke fortgeschritten.
Derweilen sich die Zeit davon gemacht.
Was bleibt – ein Rest,
der fortan von der Hoffnung zehrt,
um endlich
dir dann auch genommen,
wenn sich der Kreis geschlossen.
Die Zeit .. sie flieht,
cita mors ruit

Herbst

Kraftlos schweben Blätter nieder
auf der Erde müden Leib,
stille Nebel schweben wieder
durch der Menschen Einsamkeit

Wechsel zwischen kurzen Tagen,
blasser Himmel wie ein Zelt,
Bäume, die kein Kleid mehr tragen,
stehen stumm in dieser Welt

Felder, ihrer Frucht beraubt,
liegen brach – verlassen da,
hinter Gitter blicken Augen,
hoffen auf ein besseres Jahr

Vielleicht

Vieles wächst, gedeiht und sprießt,
vorausgesetzt, dass man es gießt.
Manche Menschen halten mit,
andere streben nach Profit.
Nur ich welke wie ein Veilchen,
schaut mich an - nur für ein Weilchen.
Mag sein, dass es schlimmeres gibt,
vielleicht das falsche Ziel geliebt.
Habe dennoch Hoffnung, das ist wahr,
kann sich ändern – übers Jahr

Tempel

Im Sortiment der neuen Tempel
türmt sich der Plunder,
den niemand braucht
und alle kaufen;
verramschen dafür der Kindheit Lieder,
in Not,
das Fest zu überstehen
und raffen.
Wer zahlen kann, der ist dabei
und für das Christkind
fällt wohl auch 'was ab,
wenn's darum bittet.
Die anderen - nun,
die mögen sehen wo sie bleiben,
ist sich doch jeder
selbst der Nächste

Der Kükenchor

Zum Weihnachtsfeste trat hervor
ein allerliebster Kükenchor.
Fünf kleine Mädchen und drei Jungen,
bemühten sich mit Engelszungen,
der Weihnachtslieder schönsten Klang
uns darzubieten mit Gesang.
Wohl war so manches nicht perfekt,
doch wurd's vom Eifer überdeckt.

Herausstaffiert, in Zweierreihe,
so sangen sie dem Fest zur Weihe
und mancher harte Arbeitsmann
auf seine Kindheit sich besann;
an Tannenbaum und Mandelkern
und wäre noch einmal Kind, so gern,
mit blanken Augen im Schein des Lichts.
Die Kleinen wussten davon nichts.

Und als der letzte Ton verklungen,
die Lieder alle ausgesungen,
die Kinder von der Bühne gingen,
wir lang' noch dachten an ihr Singen.
Und an die Botschaft, die gegeben,
im Herz zu tragen für das Leben.
Viel Dank gebührt dem Kükenchor,
der sang uns alten Leuten vor

Das Fest

Bin unterwegs schon seit April
und lebe auf der Straße,
besitze weder Bett noch Koffer –
treibe vor dem Wind,
nicht frei .. nur traurig.

Heiligabend –
Habe mich aus der Stadt geschlichen,
kann sie nicht ertragen,
die Lichter, die hinter Fenster wärmen,
noch will ich Mitleid.
Durch kalte Felder führt mein Weg,
den Horizont zum Ziel,
hin zu den Deichen,
dem Ort meiner Kindheit,
von deren Höhe ich das Meer erblicke,
das ruhig liegt in dieser Nacht,
dem Himmel zu Gefallen,
sich wiegt in stiller Harmonie,
nicht stören will der Menschen Fest.
Und aus den Wellen steigt die Hoffnung,
die Zukunft heißt
und mich in Wärme hüllt,
ein Ziel verspricht,
das Ende meiner Straße.

Ich will daran glauben

Zeitfracht Medien GmbH
Ferdinand-Jühlke-Straße 7
99095 Erfurt, Deutschland
produktsicherheit@kolibri360.de